À LA DÉCOUVERTE DU CANADA

Les Vikings

ROBERT LIVESEY ET A.G. SMITH

Traduit de l'anglais par Nicole Ferron

D1424416

Les Éditions des Plaines
Case postale 123
Saint-Boniface (Manitoba)
R2H 3B4

Les Éditions des Plaines reçoivent
pour leur programme de publication
l'aide du Programme de subventions globales
du Conseil des Arts du Canada et du Conseil
des Arts du Manitoba.

Données de catalogage avant publication (Canada)

Livesey, Robert, 1940-

    Les Vikings

    (À la découverte du Canada)
    Traduction de : The Vikings.
    Comprend un index.
    ISBN 2-921353-46-6

1. Vikings – Ouvrages pour la jeunesse. 2. Amérique – Découverte et exploration nordiques –
Ouvrages pour la jeunesse. I. Smith, A. G. (Albert Gray), 1945-
II. Titre. III. Collection : Livesey, Robert, 1940-
À la découverte du Canada.

DL65.L5214   1997   j948'.022   C96-920165-6

Première édition française
Les Éditions Héritage inc. 1993
Tous droits réservés

Dépôt légal : 1ᵉʳ trimestre 1997, Bibliothèque nationale du Canada
Les Éditions des Plaines

Pour Anton et Matthew, affectueusement

Des remerciements tout spéciaux à Don Loney, à Sandra Tooze, à Helge Hongisto, à David Densmore et aux bibliothécaires de la bibliothèque publique d'Oakville, de la bibliothèque du Collège Sheridan et de celle de l'Université de Windsor pour l'aide apportée à la réalisation de ce livre.

A: Mme Sophie

De: Carl-Philippe

Joyeux Noël God Jul

Table des matières

Introduction 1

CHAPITRES

Introduction

Te rappelles-tu la dernière fois que tu as découvert quelque chose de neuf ou que tu as rencontré un nouvel ami? Découvrir des personnes, des idées, des choses ou des endroits nouveaux rend la vie tellement plus amusante. Explorer le monde autour de soi est excitant et explorer le passé peut être étonnant.

À l'école, j'ai appris que Christophe Colomb fut le premier Européen qui découvrit l'Amérique du Nord, mais c'est faux. Mes professeurs m'ont enseigné que les premiers Européens à coloniser l'Amérique du Nord étaient des Français, qui s'établirent au Canada en 1608; mais ce n'est pas vrai non plus.

Est-ce que mes professeurs m'ont menti? Non, bien sûr. La vérité ne fut découverte qu'en 1962, par Helge Ingstad et sa femme Anne Stine Ingstad.

Lorsque tu te prépares à explorer le passé, il y a deux façons de le faire. La première par la lecture; l'autre, en creusant. Helge et Anne, des Norvégiens, avaient lu les passionnantes sagas écrites par les Vikings sur la découverte d'un nouveau territoire. Ils croyaient à ces histoires et, comme les Vikings, ils traversèrent l'océan jusqu'au Canada. Une fois arrivés à Terre-Neuve, Helge et Anne se mirent à creuser. Anne était archéologue. Ils creusèrent et creusèrent encore jusqu'à ce qu'ils mettent la main sur l'ancienne colonie viking qu'ils connaissaient déjà par leurs lectures.

Grâce à Anne et à Helge, nous savons maintenant que les premiers Européens à découvrir l'Amérique du Nord furent les Vikings, en 998 ap. J.-C.

— environ 500 ans avant Colomb. Les Scandinaves furent aussi les premiers à établir des colonies européennes, ici, en l'an 1004 ap. J.-C.

C'est maintenant à toi de découvrir les Vikings.

L'archéologie dans ta cour

Il y a probablement dans ta cour des objets intéressants qui n'attendent que d'être découverts. Tu seras surpris de tes trouvailles.

Il te faut :
un seau
un vieux tamis ou une moustiquaire
un déplantoir
un vieux pinceau
de la ficelle
huit bâtons d'environ 20 cm de long
un carnet
un crayon

Quoi faire :

1. Avec la permission de tes parents, trouve un endroit de la cour que tu peux fouiller. Le meilleur site serait derrière le garage ou la cabane à outils.

2. Délimite un carré d'un mètre de côté. Enfonce un bâton à chaque coin. Divise maintenant le carré en quatre parties égales en plaçant des bâtons au milieu de chaque côté. Attache la ficelle aux bâtons de façon à faire une grille.

3. Dessine une grille dans ton carnet et numérote les carrés.

4. Commence à creuser le premier carré. Attention! Utilise le déplantoir pour briser le sol de surface. Retire maintenant trois à cinq centimètres de terre. Écrase-la avec tes mains dans le seau.

Regarde attentivement la zone dégagée. Que vois-tu? Si tu aperçois des objets connus, brosse-les soigneusement pour bien les voir. Maintenant, arrête-toi!

5. Un bon archéologue enregistre toujours ses trouvailles à leur place avant de les retirer. Dessine les objets que tu vois dans le premier carré de la grille de ton carnet. Creuse maintenant les autres carrés.

6. Après avoir creusé et enregistré les objets que tu trouves dans les quatre carrés, tu peux maintenant les retirer.

7. En te servant du tamis ou de la moustiquaire, tamise la terre dans le seau afin de trouver les petits objets qui auraient échappé à ton attention.

8. Remets maintenant la terre dans les trous. Un archéologue devrait toujours laisser un site de fouilles comme il l'a trouvé.

Tu pourrais peut-être étiqueter tes trouvailles et les exposer sur une étagère de ta chambre.

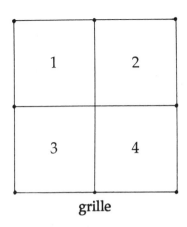

grille

DES TROUVAILLES POSSIBLES

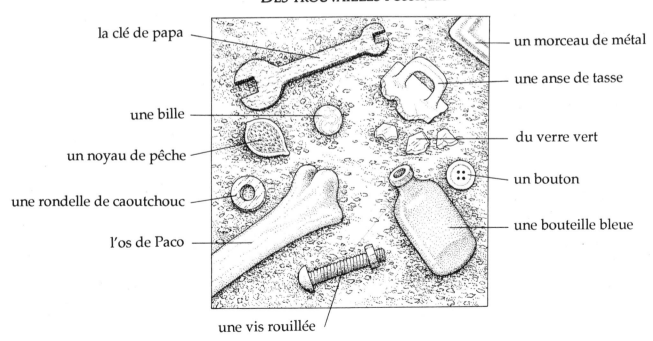

la clé de papa

un morceau de métal

une anse de tasse

une bille

du verre vert

un noyau de pêche

un bouton

une rondelle de caoutchouc

une bouteille bleue

l'os de Paco

une vis rouillée

6

1

Les Scandinaves

Les Vikings

Construirais-tu ton propre bateau pour partir à l'aventure sur un océan inconnu et sans limite, ignorant jusqu'à ta destination? Les Vikings l'ont fait parce qu'ils adoraient l'aventure.

Ils n'avaient aucune idée de ce qui les attendait de l'autre côté de la mer. C'était comparable à un vaisseau spatial rempli d'astronautes, errant dans l'espace, ne sachant pas où ils pourraient atterrir ni les dangers auxquels ils devraient faire face ou même s'ils reviendraient jamais.

Les Scandinaves étaient une race de guerriers et d'explorateurs farouches. Ils habitaient le nord de l'Europe, une contrée semblable au Canada à bien des égards. Ce pays connaissait les mêmes hivers rigoureux, les mêmes forêts immenses et les mêmes océans glacés. Le climat cruel et le littoral rocheux avaient forcé les Vikings à devenir forts et agressifs.

Les villages vikings étaient primitifs selon notre niveau de vie, mais les Scandinaves formaient un peuple intelligent et ingénieux.

Les Vikings étaient aussi bons fermiers qu'excellents constructeurs de navires. Ils sculptaient de grandes figures de bois à la proue de leurs bateaux et sur leurs chariots. Les jeunes hommes prenaient la mer pour commercer et faire fortune afin d'acheter des terres sur lesquelles ils pourraient se construire une maison.

Les Scandinaves étaient des marins nés et, sur leurs longs navires et leurs knarrs, ils partaient explorer et conquérir le monde. Il était de pratique courante d'effectuer des raids et de piller les villages le long des côtes de l'Angleterre et de l'Écosse. Les Vikings faisaient parfois des prisonniers et les gardaient comme esclaves.

Le navire viking

Les navires vikings étaient bordés
«à clins» sur un système de cou-
ples. Ils portaient de grandes voiles
carrées et étaient guidés par un
gouvernail arrimé tribord arrière
sur le plat-bord par une étrope en
cuir.

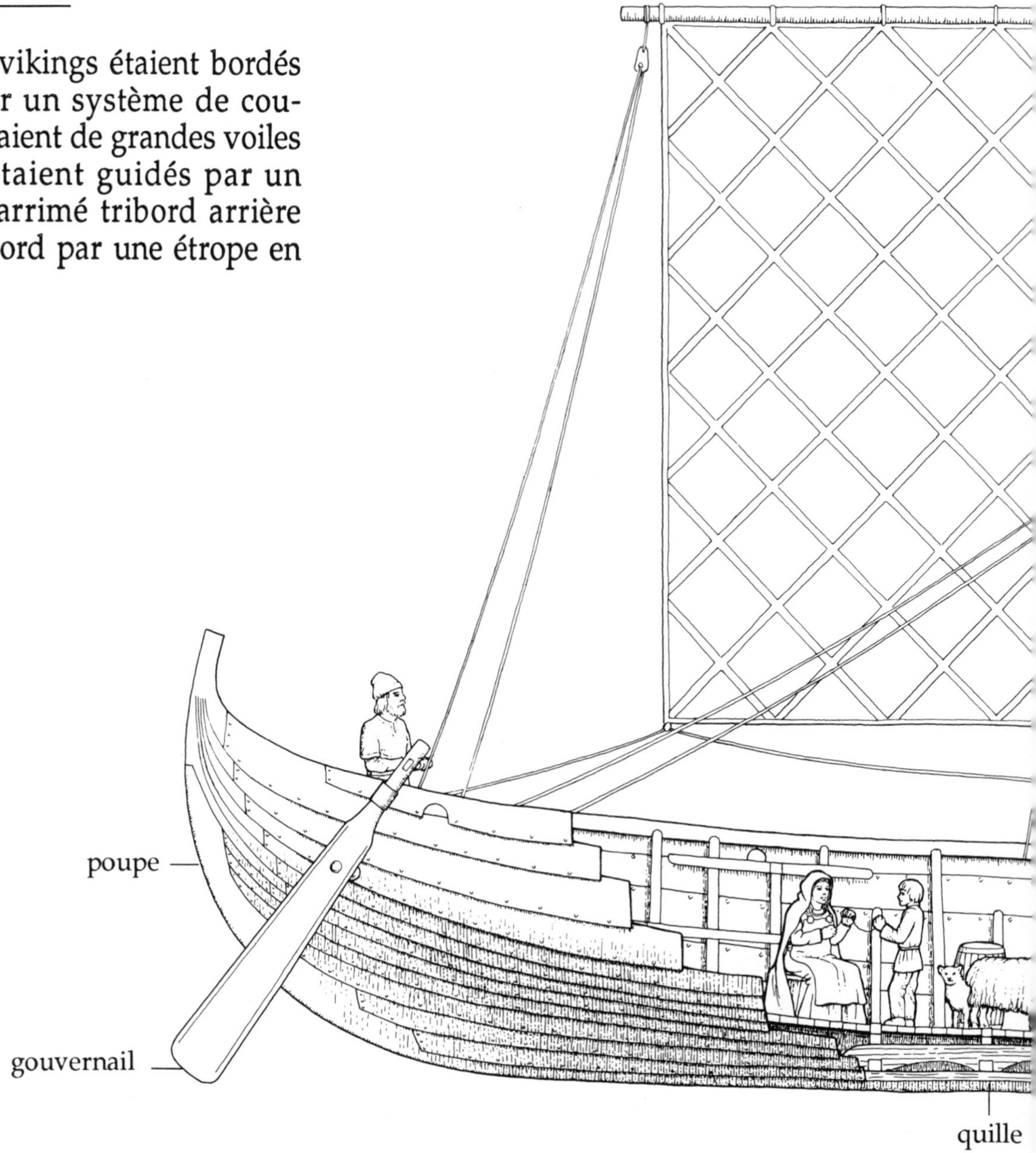

poupe —

gouvernail —

quille

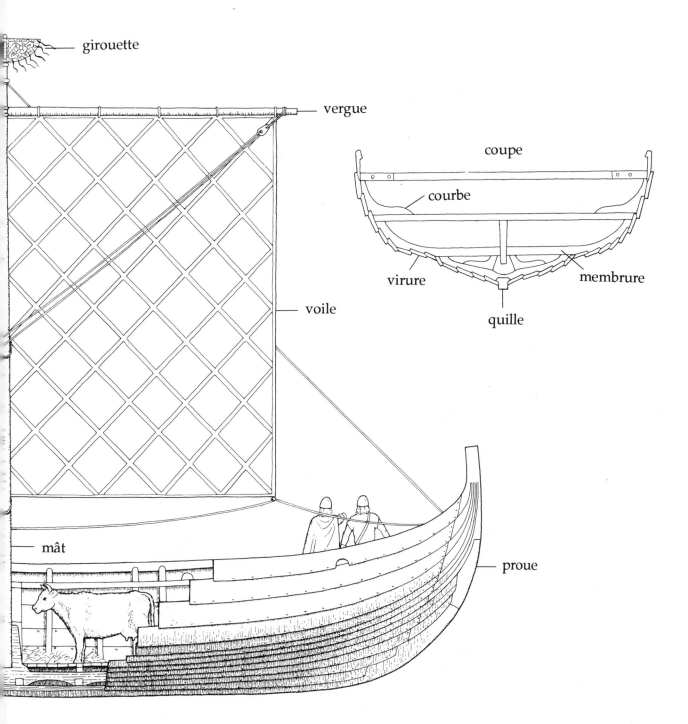

girouette

vergue

coupe

courbe

voile

virure

membrure

quille

mât

proue

9

Construis un knarr viking

Le knarr était le bateau qu'utilisèrent les Vikings pour coloniser le Vinland. En te servant des découpages des pages 13 à 15, suis attentivement les instructions pour construire ton propre modèle en papier.

Il te faut :
des ciseaux
des crayons de couleur
de la colle blanche
du fil noir
un outil à rayer

Quoi faire :

1. Colorie les pièces du bateau avant de les découper. Ne colorie pas les rabats.

   Suggestions :
   coque, gouvernail, mât, vergue :
      brun foncé
   pont : brun pâle
   voile : rayée rouge et blanc
   base : rouge ou bleue

2. Découpe la coque. Plie légère-ment le long du fond de la quille et le long de la ligne séparant la quille du bordage. Replie les moitiés de coque ensemble.

Applique de la colle le long du bord de la quille et presse les bords ensemble (fig. 1).

3. Dès que la coque est sèche, découpe la membrure et colle-la à l'intérieur de la coque.

4. Découpe le pont et découpe une fente pour le mât. Replie le pont de bout en bout (fig. 2). Applique de la colle sur les languettes du pont et sur le haut de la membrure et colle le pont en place.

5. Replie le mât (fig. 3) et colle-le. Lorsqu'il est sec, découpe le mât, dépose une goutte de colle au bas et glisse-le dans la fente.

6. Replie la vergue et colle-la en haut de la voile. Colle l'arrière de la vergue au haut du mât.

7. Découpe le gouvernail et colle-le à sa place.

8. Utilise du fil noir pour amarrer ton navire, comme indiqué dans le dessin du modèle terminé.

9. Découpe et assemble la base (fig. 4).

Diagramme de montage

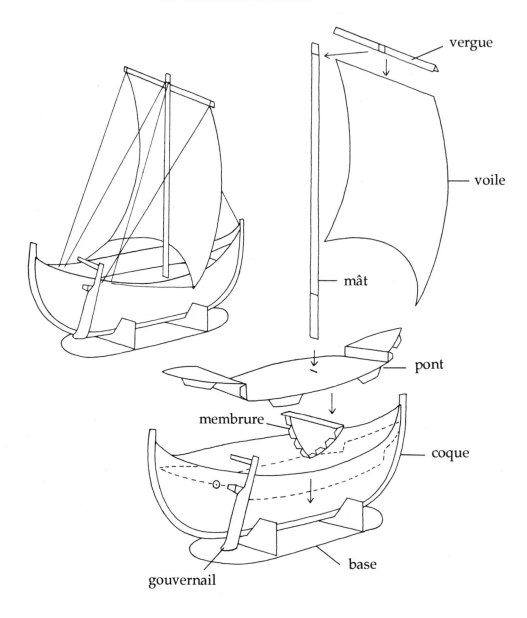

vergue

voile

mât

pont

membrure

coque

base

gouvernail

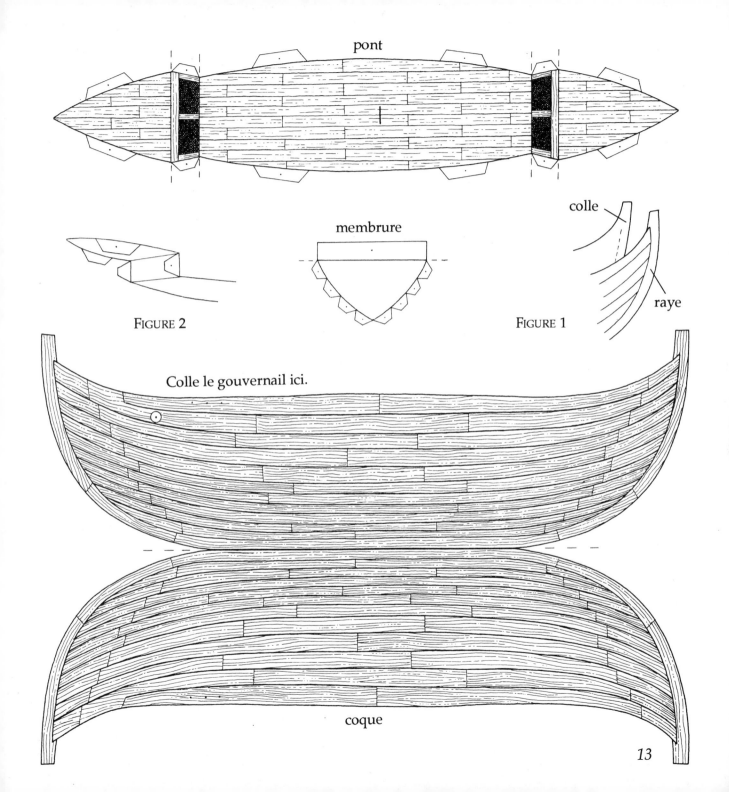

pont

membrure

colle

raye

FIGURE 2

FIGURE 1

Colle le gouvernail ici.

coque

13

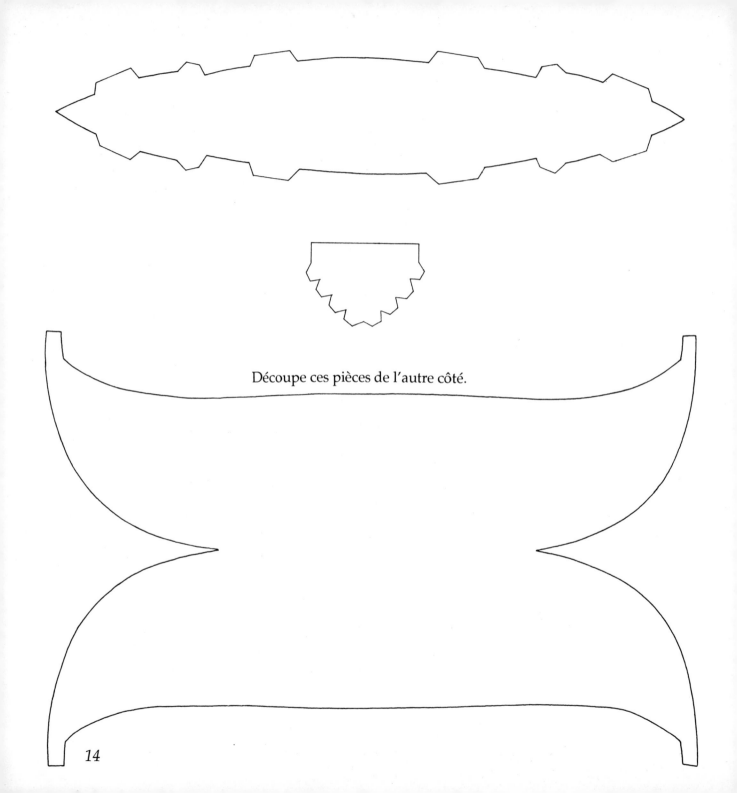

Découpe ces pièces de l'autre côté.

14

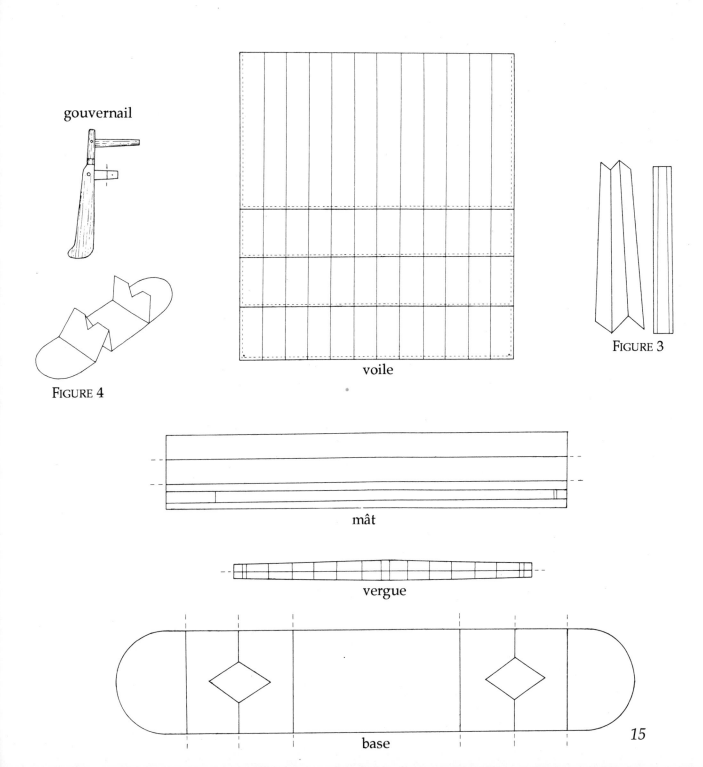

gouvernail

FIGURE 4

voile

FIGURE 3

mât

vergue

base

15

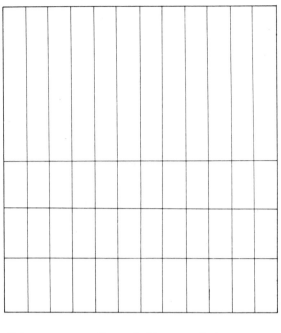

Découpe ces pièces de l'autre côté.

À bâbord et à tribord

Plusieurs termes marins datent de l'époque viking. Le terme «tribord» pour le côté droit d'un bateau vient du fait que le gouvernail était toujours situé à la droite des navires vikings. Le navire était amarré au quai par la gauche ou à «bâbord» afin que le gouvernail ne soit pas endommagé.

Le terme «poupe» (en anglais stern) ou arrière du navire vient du vieux norrois *stjorn* ou gouvernail.

«Proue» (en anglais stem) — la membrure inclinée à l'avant d'un bateau — vient du vieux norrois *stemma*.

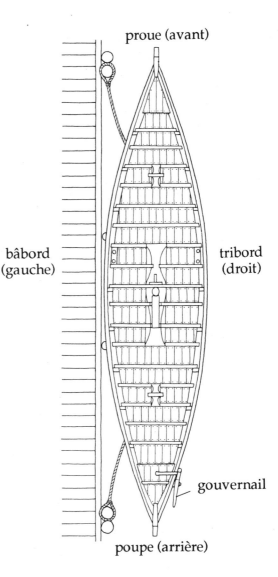

proue (avant)

bâbord
(gauche)

tribord
(droit)

gouvernail

poupe (arrière)

La mythologie scandinave

La cité d'Asgard
Les Vikings croyaient que la cité d'Asgard, qui abritait les dieux, existait aux cieux. Les châteaux avaient des toitures d'argent et des tours dorées qui dépassaient des nuages.

Le pont-arc-en-ciel
Bifrost, le pont-arc-en-ciel, était le seul moyen d'entrer dans la cité d'Asgard du monde extérieur. Son gardien, Heimdall, était célèbre pour son cheval Gulltoppr à la crinière dorée et pour sa trompe, Gjallar, qu'on pouvait entendre partout dans le monde.

Odin
Le puissant Odin, dieu de la création, était le chef des divinités, dieu de la guerre et héros des guerriers. C'était un être redoutable qui portait un casque d'or et deux grands corbeaux noirs perchés sur son épaule. Chaque jour, Odin envoyait ses corbeaux pour espionner le monde des hommes. Lorsqu'ils revenaient, ils lui racontaient ce qu'ils avaient vu et entendu. Odin était borgne parce qu'il avait donné un oeil pour avoir la permission de boire au Puits du destin. C'est pour cette raison qu'il était aussi considéré comme le dieu de la ruse et de la sagesse. Son cheval à huit pattes, Sleipnir, pouvait voler, et Odin aimait se déguiser pour visiter la terre.

Thor
L'un des plus célèbres dieux scandinaves était le grand guerrier, Thor. Aujourd'hui, on connaît plutôt Thor comme personnage d'une bande dessinée, mais il était le dieu scandinave du tonnerre. Son marteau, le puissant Mjolnir, provoquait les éclairs. Thor devait porter des gantelets en fer parce

que le marteau revenait vers lui après avoir frappé son ennemi. Ce dieu était l'ami des humains et apportait la chance en mariage. Sa journée, *Thorsday* (*Thursday* en anglais), que nous appelons jeudi, portait chance aux mariés. Mais même si Thor était brave et fort, on lui reprochait parfois d'être stupide et brutal.

Loki

Le plus diabolique des dieux vikings se nommait Loki, le dieu du feu ou le dieu des luttes et de la destruction. Il était le père d'un monstre qui avait la forme d'un loup, le «loup Fenrir».

Balder

Le plus beau et le plus doux des dieux scandinaves, Balder, dont le nom signifiait «lumière», était le fils d'Odin et de Frîja et dieu du Soleil. À sa naissance, sa mère fit jurer à toutes les choses de l'univers de ne jamais lui faire de mal. Mais Loki, jaloux de Balder, apprit qu'une petite pousse de gui n'avait pas prêté serment. Parce qu'ils savaient que rien ne pouvait blesser Balder, les autres dieux lui lançaient des projectiles pour s'amuser. Le diabolique Loki persuada Hodur, le dieu aveugle de l'automne, frère jumeau de Balder, de se joindre à eux et de lui lancer un javelot fabriqué avec la branche de gui. Guidé par Loki, Hodur lança le javelot sur Balder qui mourut. Avec la mort de Balder, toute beauté et toute innocence disparurent du monde. La violence et le mal augmentèrent jusqu'au jour du «jugement dernier».

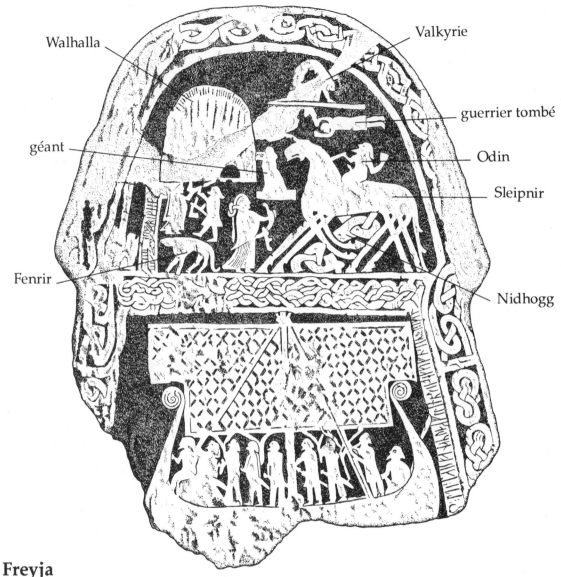

Walhalla

Valkyrie

guerrier tombé

géant

Odin

Sleipnir

Fenrir

Nidhogg

Freyja

Freyja, dont le char était tiré par deux chats blancs, était la déesse du printemps, de l'amour, du mariage et de la fertilité. Son symbole était l'aigle, et son collier étincelant, fabriqué par les nains, était à l'origine de plusieurs légendes. Un autre de ses trésors était son manteau volant, Valhamr.

Les Valkyries

Ces guerrières à cheval portaient des casques et étaient armées d'épées. Leur nom signifie «celles qui choisissent les soldats tombés au champ d'honneur» parce que les Scandinaves croyaient qu'elles étaient les messagères envoyées sur les champs de bataille terrestres pour y choisir les corps des braves héros et les intégrer à l'armée d'Odin dans le Walhalla. Leur armure réfléchissait une lumière scintillante et mystérieuse qui éclairait les cieux du nord, créant ce que nous appelons maintenant aurores boréales ou aurores polaires.

Frîja

Frîja était la déesse que les femmes vikings priaient le plus, surtout lorsqu'elles attendaient un bébé. Épouse d'Odin, elle était la seule autre personne qui pouvait s'asseoir sur son trône. Elle connaissait l'avenir et, avec son fuseau et sa quenouille en or, elle filait la laine qu'on n'arrivait jamais à consommer entièrement, peu importe la quantité nécessaire. On croyait que si une mortelle travaillait très fort à filer la laine tout le jour, elle recevait, pendant son sommeil, la visite de Frîja qui lui laisserait son fil magique en présent.

Hel

Hel était la pâle et fantomatique fille de Loki. Odin l'envoya gouverner l'enfer, qu'on appela Hel. Les murs de sa grande salle étaient des serpents ondulants et un coq d'un noir de jais était posé sur le toit. Le couteau de Hel se nommait «Faim», sa table, «Inanition» et son seuil, «Embûche». On croyait alors que le royaume de Hel était le séjour des humains morts de vieillesse ou de maladie.

Écrire en runes

L'alphabet runique fut inventé par les ancêtres scandinaves des Vikings, il y a plus de deux millénaires. Les lettres étaient composées de lignes droites qui pouvaient facilement être sculptées dans le bois ou dans la pierre avec un couteau ou un burin. Le premier alphabet runique comptait 24 lettres. Plus tard, elles furent réduites à 16. Les Vikings croyaient que certaines runes possédaient des pouvoirs magiques et apportaient la chance.

Il te faut :
un crayon
un carnet

Quoi faire :
Un alphabet runique de 24 lettres est reproduit sur la page suivante. Sous chacune des lettres, son équivalent dans notre alphabet. Regarde attentivement les caractères. Se ressemblent-ils? En quoi sont-ils différents?

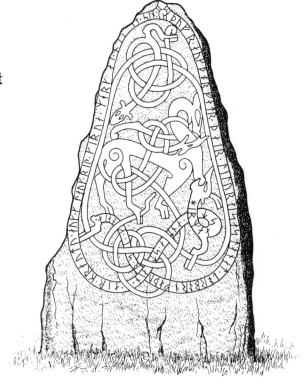

L'Alphabet Runique

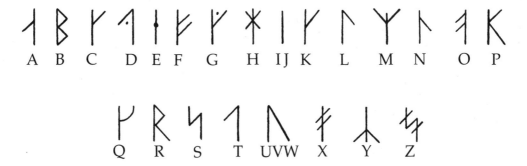

A B C D E F G H IJ K L M N O P

Q R S T UVW X Y Z

Tu trouveras ci-dessous un message écrit en runes.
Traduis-le en français. (La réponse se trouve à la page 88.)

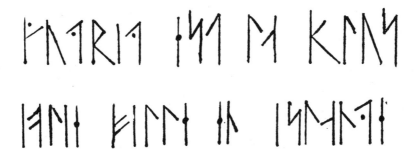

Maintenant que tu as traduit ce message, écris
tes propres messages en runes.

CHAPITRE 2

Les voisins du Nord

Érik le Rouge

Je me rappelle encore certains touristes américains arrivant à Winnipeg, au Manitoba, aux mois de mai et juin, des skis sur le toit de leur automobile. Une jeune Américaine, qui avait à peu près mon âge, était déçue de n'y trouver ni tente ni igloo.

Es-tu quelquefois amusé ou ennuyé parce que les Américains connaissent si peu le Canada ou nous accordent si peu d'attention? La prochaine fois que tu te sentiras irrité parce qu'ils connaissent mal le Canada, arrête-toi et pense à ton voisin du Nord, le Groenland, et à ce que tu en sais.

En fait, les débuts de l'histoire du Groenland sont étroitement associés à ceux du Canada. Ils commencent tous deux avec «Érik le Rouge».

Érik le Rouge était un homme fort, agressif et aventureux. Comme d'autres Vikings avant lui, il partit en mer vers l'Islande pour y faire fortune et s'y établir.

Les banques n'existaient pas à l'époque viking. Érik le Rouge n'apporta avec lui que son coffre de marin en bois cerclé de fer, bien cadenassé. Les Vikings avaient l'habitude de s'asseoir sur leur coffre lorsqu'ils ramaient; ainsi ils surveillaient leur part de ce qu'avaient rapporté le commerce ou le pillage.

Les marchandises étaient troquées et échangées, ou achetées avec un poids en or ou en argent. Les marchands vikings transportaient des balances qu'ils conservaient dans un étui en cuir ou un sac en toile.

Les Vikings avaient aussi l'habitude de transporter leur fortune sous forme de broches ou d'autres bijoux en argent travaillé. Par exemple, le roi récompensait la loyauté et le courage avec des bracelets en or ou des épées décorées.

Érik le Rouge tenta de s'établir en Islande où d'autres Vikings vivaient déjà, mais comme il ne s'entendait pas avec ses voisins, Érik fut condamné au bannissement et forcé de chercher un nouveau toit.

Érik avait entendu parler, par d'autres Vikings dont les navires avaient dérivé, d'une terre vers l'ouest. Il découvrit et explora cette nouvelle terre. Il l'appela «Pays vert» parce que les colons et les marchands seraient plus attirés par un pays au beau nom. Érik retourna en Islande et rassembla un groupe de personnes pour coloniser le nouveau territoire.

Érik le Rouge devint ainsi le fondateur des premières colonies du Groenland. Érik eut quatre enfants : trois fils et une fille. Les quatre prirent part à l'exploration et à la colonisation du Canada.

Art viking

Cette magnifique broche ronde a été découverte dans une réserve d'argent viking de l'île de Rügen, dans la mer Baltique. Les orfèvres vikings créaient des bijoux richement décorés aux dessins compliqués.

Faire la monnaie

Les Vikings transportaient des pièces en or et en argent à échanger contre des marchandises, mais il n'existait pas des pièces de différentes valeurs. S'ils avaient besoin de faire de la monnaie, ils coupaient simplement les pièces en plus petits morceaux avec un burin.

Perdus en mer

Vingt-cinq navires naviguèrent avec Érik le Rouge pour coloniser le Groenland, mais seulement 14 arrivèrent à destination. Les autres furent dispersés par de violentes tempêtes et certains coulèrent.

Des vêtements unisexes

Les plus vieux spécimens de vêtements originaux vikings du Moyen-Âge furent découverts dans des tombes scandinaves dans le sud du Groenland. Les vêtements des hommes et des femmes étaient identiques!

Des conversions chrétiennes

En l'an 1000 ap. J.-C., le christianisme, qui venait du nord de l'Europe, fut adopté en Islande. Ce fut la femme d'Érik le Rouge, Thjodhild, qui fonda l'Église chrétienne du Groenland. Elle fit construire une petite église en tourbe et en bois près de sa maison et plusieurs se joignirent à elle pour prier. Même si sa femme et ses enfants devinrent chrétiens, Érik le Rouge n'accepta jamais d'abandonner ses croyances en Odin et aux autres dieux d'Asgard. Thjodhild refusa donc de vivre avec son mari après sa conversion, ce qui rendit Érik le Rouge furieux.

Les femmes vikings

Les femmes vikings étaient aussi fortes et indépendantes que les hommes. Pendant que ces derniers exploraient et pillaient, les femmes s'occupaient des fermes et c'est elles qui modelèrent la structure sociale.

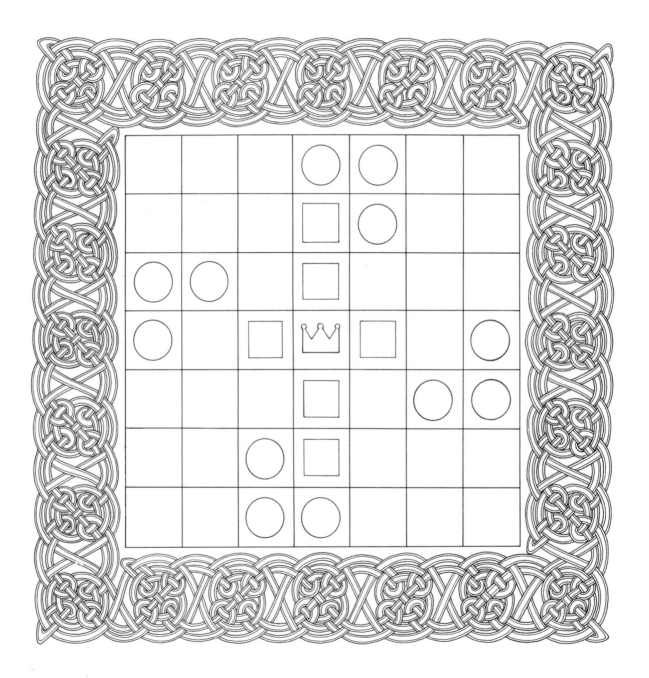

Joue à un jeu viking

Le *hnefatafl* ou «table du roi» est l'un des jeux auxquels jouaient les Vikings lors des longues nuits froides de Scandinavie. On utilisait déjà ce jeu dès l'an 400 ap. J.-C. et tu trouveras sur la page de gauche l'échiquier sur lequel on y jouait.

Il te faut :
Tu peux prendre des boutons ou des pierres de couleur comme pions. Prends-en une plus grosse pour le roi.

Voici les règles du jeu :

1. Il y a deux équipes. L'équipe du roi comprend le roi et ses gardes. Le roi commence le jeu dans la case du centre (♙) entouré de ses gardes marqués (□). L'équipe adverse, les «usurpateurs», ont deux fois le nombre des gardes du roi et commencent le jeu dans les cases marquées (○).

2. Chaque joueur se déplace comme la tour du jeu d'échecs — horizontalement ou verticalement comme il le veut, jusqu'à ce qu'il soit bloqué par un autre joueur.

3. Seul le roi peut pénétrer dans la case du roi.

4. Pour le roi, le but du jeu est de traverser l'échiquier sans se faire capturer. Le but de l'équipe adverse est de capturer le roi.

5. Les gardes et les usurpateurs sont capturés lorsqu'ils sont encadrés de deux côtés par des pièces concurrentes.

□○□

6. Le roi est capturé lorsqu'il est encerclé de quatre côtés ou de trois côtés plus la case inoccupée du centre.

7. Une pièce peut se déplacer entre deux pièces opposées sans être capturée. La capture doit être amorcée par l'attaquant.

8. Les usurpateurs jouent en premier.

Les corbeaux d'Odin

Voici l'un des deux montants qui ornaient des harnais ou la poignée d'une épée en bronze d'un chef viking. Il fut découvert sur l'île de Gotland.

3 *Perdus*

Bjarni Herjolfsson

T'es-tu déjà perdu? Se perdre est une expérience traumatisante, que ce soit dans le bois à la nuit tombée ou dans un grand centre commercial. Souvent, cependant, c'est l'occasion de découvrir de nouveaux endroits et de rencontrer de nouvelles personnes. Parfois ces nouvelles connaissances sont amicales, mais elles peuvent aussi être dangereuses.

Ce n'était pas l'habitude des navires vikings de se perdre. Les navigateurs scandinaves ne possédaient ni compas magnétique ni sextant. Avant de partir en voyage, un Viking se fabriquait un *husnotra*, un compas primitif qui pouvait déterminer la latitude. Cet instrument ressemblant à un bâton permettait aux marins scandinaves de garder la bonne direction. Ils se fiaient également au soleil, à la lune, à l'étoile polaire, aux oiseaux marins ou à la lueur que reflétait la terre à l'horizon, mais ils changeaient fréquemment de direction ou se perdaient en mer.

Lorsque Érik le Rouge s'installa au Groenland, il avait un partenaire, Herjolf Herjolfsson, dont le fils s'appelait Bjarni Herjolfsson. Quand Bjarni prit la mer pour aller rendre visite à son père, il se perdit. Son navire fut finalement déporté vers l'ouest où il découvrit un étrange nouveau continent. Se servant de son *husnotra*, Bjarni suivit le littoral vers le nord et vers l'est jusqu'à ce qu'il retrouve le chemin du Groenland. La terre mystérieuse et inexplorée que Bjarni avait accidentellement découverte était la côte est de l'Amérique du Nord. C'est donc Bjarni Herjolfsson qui découvrit l'Amérique et non pas Christophe Colomb.

La navigation scandinave

Comment les Vikings, qui ne possédaient ni le compas magnétique ni les autres instruments de navigation moderne, furent-ils capables de traverser les mers et d'arriver à destination? Ils apprirent à naviguer sous toutes les latitudes en prenant des mesures à partir du soleil de midi, le jour, et de l'étoile polaire, la nuit.

La hauteur du soleil au-dessus de l'horizon à midi, le long de n'importe quelle latitude, est la même partout dans le monde le même jour de l'année. Avant de quitter sa maison de Norvège, le marin viking fabriquait son *husnotra* — un bâton ou peut-être une série de bâtons — avec la position du soleil de midi marquée d'une encoche. Plus tard, lorsqu'il avait perdu la côte de vue, il prenait une autre mesure sur le bâton de la même journée pour déterminer sa distance au nord ou au sud de son port d'attache.

• À RÉALISER TOI-MÊME •

Trouve ta latitude

Il te faut :
un globe terrestre

Quoi faire :
Tu trouveras sur la page suivante un diagramme et un graphique démontrant des latitudes. Découvre ces latitudes sur le globe terrestre.

Le long de quelle latitude habites-tu? Quels autres endroits du monde sont sur la même ligne?

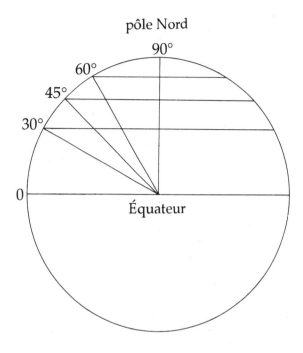

pôle Nord

Endroits du monde qui ont les mêmes latitudes.

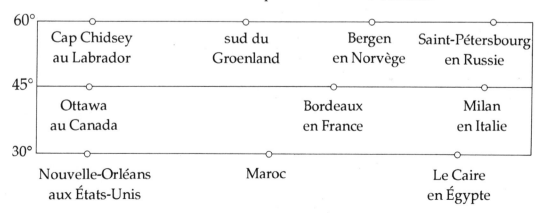

60°	Cap Chidsey au Labrador	sud du Groenland	Bergen en Norvège	Saint-Pétersbourg en Russie
45°	Ottawa au Canada		Bordeaux en France	Milan en Italie
30°	Nouvelle-Orléans aux États-Unis	Maroc		Le Caire en Égypte

Fabrique un *husnotra*

Il te faut :
un bâton d'un mètre de long
un crayon

Quoi faire :
À midi, par une journée ensoleillée, apporte ton bâton au bord d'un grand champ ou d'un lac. Face au sud, tiens le bas de ton bâton devant l'horizon. Suis des yeux le long du bâton jusqu'à ce qu'ils rencontrent le soleil.

Marque cette position avec le crayon sur ton *husnotra*. *Attention :* Ne regarde pas le soleil plus qu'un moment.

Qu'arriverait-il si tu étais à mille kilomètres à l'est ou à l'ouest de ta position présente? Quelle serait la position du soleil sur ton bâton dans exactement une année? Dans trois mois?

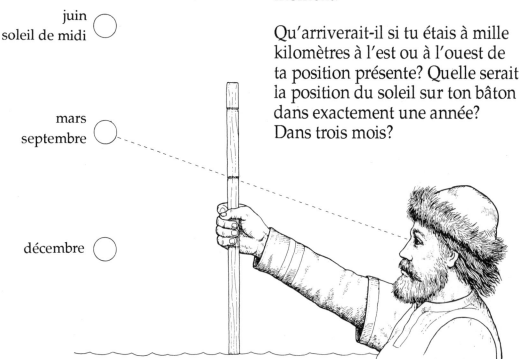

juin
soleil de midi

mars
septembre

décembre

34

Trouve l'étoile polaire

L'étoile polaire reste au-dessus du pôle Nord chaque nuit de l'année. Les autres étoiles et constellations semblent tourner autour.

Il te faut :
une nuit claire et étoilée

Quoi faire :
Localise la Grande Ourse. En utilisant les deux étoiles for-mant le bord droit de la casserole, trouve maintenant l'étoile polaire. Lorsque tu fais face à l'étoile polaire, dans quelle direction sont le sud? l'est? l'ouest?

Les Vikings se servaient aussi des oiseaux migrateurs, des courants océaniques et des poissons pour les guider en navigation.

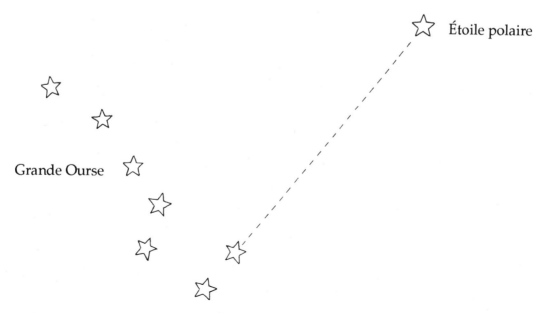

Étoile polaire

Grande Ourse

Iotun „heimar.

D   E   F

Rifeland

Narve Öe

Biar„
maland

MARE GLACIA
LE.

Nor„
ve„
gia

Huidferk

GRÖNLANDIA

Is land

Heriolfsnes

Ferœ

Frisland

Hetland

H

Helleland

G

Orcades

Markland

Winlandia

SIUR„
di Stepha
nü terrarium
hyperboreare
delineatio
Año 1570

IR
LAND

BR
j
TA
NNi
A

A

Skralin„
ge Land.

B

Promontorium

36

La carte Skaholt

Sur la page précédente se trouve une reproduction d'une carte de l'Atlantique Nord dessinée en 1570 par Sigurdur Stefansson. Elle comprend la Grande-Bretagne et la Norvège à l'est, l'océan Arctique au nord et le Groenland, le Helleland (terre de Baffin), le Markland (Labrador), Skraelinge Land (terre des Indiens rouges) et le Promontorium Winlandiae (promontoire Vinland) à l'ouest. Stefansson ajouta ces notes à sa carte :

(A) Ces gens [*skraelings*] sont desséchés autant par la chaleur de l'été que par le froid de l'hiver.

(B) Au sud de Skraelinge Land se trouve le Vinland, appelé «terre du vin» à cause de la fertilité de son sol et l'abondance de ses produits. D'après les plus récents comptes rendus des historiens, j'estime qu'elle n'est pas rattachée au continent, mais une île, séparée de l'Amérique par un détroit ou une baie.

L'île qui disparut

Les Vikings et d'autres marins prirent l'habitude de dessiner des cartes de leurs voyages, comme celle montrée ici. Sur toutes les cartes anciennes, une petite île apparaît dans les mers septentrionales. On appelait cette île *Frisland*, mais aujourd'hui, on n'en trouve plus trace. Elle a disparu!

4 *L'exploration*

Leif l'Heureux

Quand tu découvres quelque chose de neuf ou de différent, il existe toujours une forte envie de l'explorer ou de l'étudier. Lorsque Bjarni rapporta sa découverte aux autres Vikings, ils n'étaient pas fiers de lui. Ils pensaient que Bjarni aurait dû prendre le temps d'accoster et d'explorer le nouveau continent, au lieu de revenir chez lui à toute vitesse.

Un jeune Viking était particulièrement excité au sujet de cette nouvelle terre. Il s'appelait Leif Ériksson, le fils aîné d'Érik le Rouge. Leif rendit visite à Bjarni et, après avoir écouté ses histoires sur les nouvelles terres de l'Ouest, il lui acheta son navire et recruta un équipage de 35 marins.

Lorsqu'il se mit en route pour explorer les mers inconnues vers l'ouest, Leif trouva d'abord un littoral aride où il jeta l'ancre et se rendit à terre sur un petit bateau. Il n'y avait ni herbe ni végétation, seulement des glaciers qui ressemblaient à des dalles de pierre. Leif baptisa la contrée *Helluland*, ce qui signifie «île de dalles» ou «terre de la table de rochers». Nous l'appelons aujourd'hui terre de Baffin.

Leif s'aventura ensuite plus vers le sud-ouest où il vit une deuxième terre. Il accosta de nouveau et trouva cette fois des forêts touffues et des plages de sable. Leif nomma cet endroit *Markland*, ce qui veut dire «terre des forêts». C'est aujourd'hui la côte du Labrador.

Leif poursuivit vers le sud jusqu'à ce qu'il aperçoive une grande terre. Ses hommes descendirent leur hamac à terre et construisirent des habitations de pierres et de tourbe, utilisant des taudes comme toits. Les rivières étaient remplies de saumons et le sol riche en baies et en raisins. Leif nomma cet endroit *Vinland*, ce qui veut dire «terre du vin». C'est Terre-Neuve, une des provinces du Canada. Chargeant son navire de bois et de raisin sauvage, Leif retourna au Groenland.

Lors du voyage de retour, Leif rescapa un groupe de 15 personnes dont le bateau avait échoué sur un récif. À partir de ce moment, on l'appela «Leif l'Heureux».

Leif l'Heureux fut donc le premier Européen à explorer le continent américain.

Écris une saga

Les Vikings racontaient sur leur pays, leurs amis, leur famille et eux-mêmes des histoires appelées sagas.

Il te faut :
un crayon, un stylo, une machine à écrire ou
   un ordinateur avec un programme de traitement de texte
du papier
beaucoup d'imagination

Quoi faire :

A. La saga personnelle

1. Les sagas vikings relataient des expériences vécues. Pense à ce qui t'est arrivé récemment. Il n'est pas nécessaire que ce soit quelque chose de très inhabituel, mais plutôt un événement qui te touche toi, tes amis ou ta famille.

   Exemples :
   une visite au centre commercial
   un exploit personnel
   un événement sportif
   une expérience de classe
   une pyjamade chez des amis

2. Écris un bref compte rendu de l'événement.

   Exemple : Mardi dernier, sur le chemin de l'école, j'ai rencontré mes deux amis, André et Nancy. Nous avons marché ensemble jusqu'à ce que Jean...

3. Le but des sagas vikings était de divertir les lecteurs. Exagère un peu ta saga. Réécris chaque phrase en t'efforçant de capter l'imagination des lecteurs. Ne sois pas timide. Vante-toi!

Exemple : C'était le jour d'hiver le plus froid de toute ma vie, mais, bien enveloppé de vêtements chauds, je me suis forcé à sortir et j'ai pris la direction de l'école. En quelques minutes, le bout de mon nez était congelé et des petits glaçons se formaient lorsque j'expirais.

4. Les Vikings inventaient des noms qui décrivaient l'apparence, la personnalité ou les exploits des gens.

   Exemples de noms scandinaves réels :
   Thorhall le Chasseur
   Thord à la tête de cheval
   Kétil Nez-plat
   Aud Rêveuse
   Ingigerd la Puissante
   Thorstein l'Injuste

   Invente des noms vikings pour toi et pour ceux dont tu parles dans ta saga.

   Exemples :
   André le Bolé

Nancy l'Audacieuse
Jean le Géant
Béatrice Grands-Pieds
Marc le Riche

5. Les Vikings croyaient aux mystères et à la mythologie. Ils ajoutaient souvent des détails surnaturels à leurs sagas. Tu devrais faire de même.

   Exemples :
   À cause d'un rêve étrange, je savais que ce mardi ne serait pas comme d'habitude.

   Juste avant de tourner le coin, j'eus la sensation étrange que nous allions droit vers le danger.

   Les yeux d'André se mirent à lancer des éclairs, un hurlement de loup s'échappa de sa gorge et ses dents s'allongèrent comme des crocs.

Je sentis un doigt glacé sur mon épaule et je me retrouvai face au Monstre de Glace.

6. Fais de la dernière phrase de ta saga un résumé captivant.

   Exemples :
   Je courus jusqu'à la porte de l'école que je refermai derrière moi. Je n'avais jamais été aussi content d'aller en classe.

   D'un commun accord, André, Nancy et moi n'avons jamais reparlé de cette journée.

   Nous avons tous éclaté de rire, surtout Jean le Géant.

7. Finalement, choisis un titre pour ta saga.

   Exemples :
   La saga de Jean le Géant
   La saga de la vérité et de
      la tentation
   La saga de la rue Principale
   La saga du mardi enneigé

B. La saga ancestrale
Les sagas vikings étaient rapportées oralement et transmises ainsi d'une génération à l'autre. Souvent, les versions écrites n'apparaissaient pas avant des centaines d'années après l'événement. Pense à une histoire que tes parents, tes grands-parents ou des gens âgés t'ont racontée. Si tu ne te rappelles d'aucune, demande à une personne âgée de te parler des choses suivantes :
— comment était la vie de son
   temps;
— pourquoi tu habites à cet
   endroit;
— la personne la plus originale
   de la famille;
— un personnage important
   de ta communauté ou de
   ton pays.

Suis maintenant les sept étapes décrites dans «La saga personnelle».

C. La saga d'en arrière
   Choisis une de tes trouvailles
   archéologiques. Invente une
   saga qui explique comment cet
   objet a pu arriver dans ta cour.
   Utilise les sept étapes de «La
   saga personnelle».

Le mauvais présage

Érik le Rouge, fondateur du Groenland, avait trois fils et une fille. Ses quatre enfants prirent la mer vers le Vinland en quête de fortune et de gloire. Érik n'accomplit malheureusement jamais le voyage.

Lorsque Leif se préparait à partir pour le Vinland, il avait persuadé son père de le suivre, mais un accident bizarre empêcha Érik de se joindre à l'expédition. Il tomba de son cheval en se rendant au bateau. Très superstitieux, les Vikings interprétèrent cet incident comme un «mauvais présage» et Érik resta au Groenland.

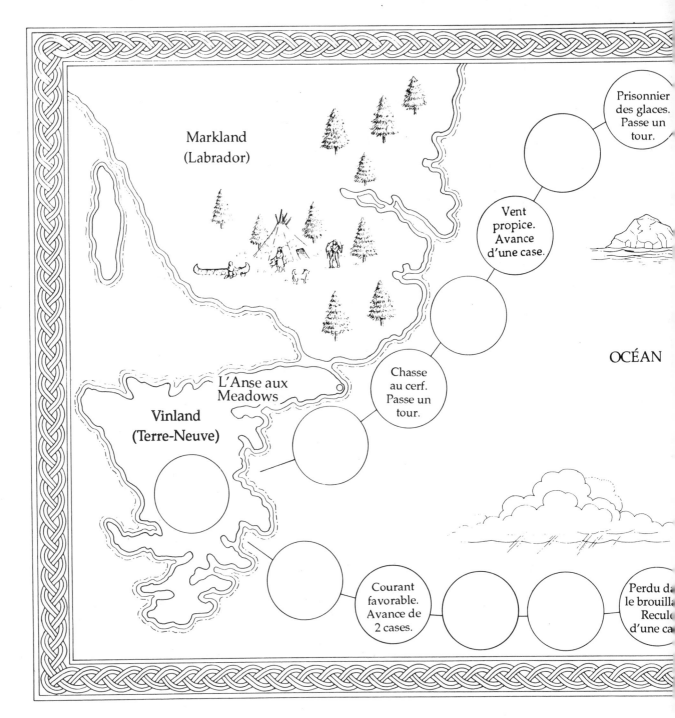

Markland
(Labrador)

Prisonnier
des glaces.
Passe un
tour.

Vent
propice.
Avance
d'une case.

OCÉAN

Chasse
au cerf.
Passe un
tour.

L'Anse aux
Meadows

Vinland
(Terre-Neuve)

Courant
favorable.
Avance de
2 cases.

Perdu d[...]
le brouill[...]
Recul[...]
d'une ca[...]

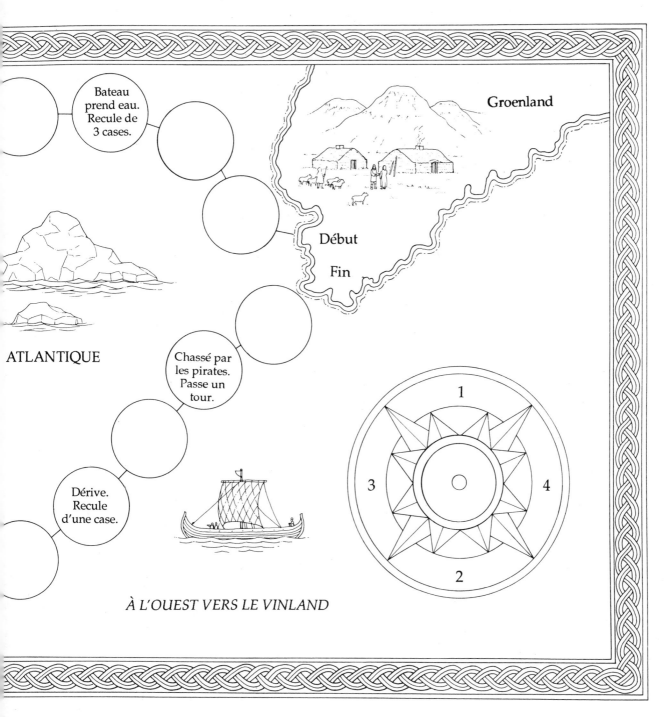

Bateau prend eau. Recule de 3 cases.

Groenland

ATLANTIQUE

Début

Fin

Chassé par les pirates. Passe un tour.

Dérive. Recule d'une case.

1

3   4

2

À L'OUEST VERS LE VINLAND

45

Joue à l'aventure des Vikings — À l'ouest vers le Vinland

Il te faut :
des ciseaux
un carton mince
de la colle
une attache parisienne

Quoi faire :

1. Colle la page 47 sur le carton.

2. Découpe les pions et replie le bas pour qu'ils se tiennent debout. Colorie chacun d'une couleur différente.

3. Découpe la flèche et fais un trou au centre. Fais un autre trou au centre du compas en bas, à droite du jeu, et fixes-y la flèche avec l'attache parisienne.

Règles du jeu :

1. Fais tourner la flèche afin de déterminer quel joueur va commencer.

2. À tour de rôle, chaque joueur fait tourner la flèche et avance du nombre de cercles indiqué. Suis les instructions inscrites dans les cercles marqués.

3. En approchant du Vinland, tu dois obtenir le nombre exact pour accoster directement. Tu ne peux faire tourner la flèche qu'une seule fois par tour (plus d'un joueur peut occuper le même cercle).

4. Le gagnant est le premier joueur dont le bateau atteint le Vinland et retourne au Groenland avec sa cargaison. Bonne chance!

Découpe les bateaux. Replie les bases et colorie
chaque voilier d'une couleur différente.

Fais un trou au centre de la flèche et fixe-la
au compas avec l'attache parisienne.

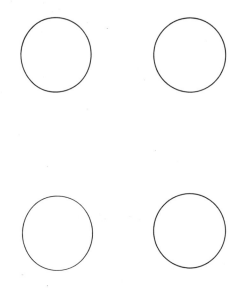

Découpe de l'autre côté.

CHAPITRE **5** *La bagarre*

Thorvald Ériksson

 As-tu déjà été impliqué dans une bagarre? La plupart des gens tentent d'éviter les batailles parce que ce n'est pas très amical et que ça peut devenir parfois même dangereux. Lorsque tu commences la bagarre, tu ne sais jamais comment ça va finir.

Les Vikings étaient des guerriers toujours prêts à attaquer et à piller. Lorsqu'ils arrivèrent au Vinland, l'épée à la main, ils étaient prêts au combat.

Quand Leif l'Heureux retourna au Groenland avec une riche cargaison, il devint célèbre. Son jeune frère, Thorvald Ériksson, désirait explorer le territoire encore plus à fond. Il emprunta le bateau de son frère, recruta un équipage de 30 hommes et prit la mer vers l'ouest.

Lorsqu'ils arrivèrent aux maisons que Leif avait construites au Vinland, ils s'y installèrent pour l'hiver, vivant de chasse et de pêche. L'été arrivé, ils entreprirent d'explorer la nouvelle contrée.

Lors d'une des expéditions, ils aperçurent des «canots recouverts de peau» sur une plage de sable. Il y avait trois hommes sous chaque embarcation; Thorvald divisa ses hommes et captura ces étranges indigènes, sauf un.

Les Vikings tuèrent les huit *skraelings* ou Indiens qu'ils avaient capturés et retournèrent à leur bateau. Mais celui qui s'était échappé revenait avec des renforts. Soudain, un grand nombre d'indigènes en bateaux de peau vinrent vers eux. Après une bagarre rangée, les Indiens battirent en retraite.

Un seul Viking fut tué dans le combat. Thorvald, qui avait commencé la bagarre, mourut d'une blessure par flèche. Ses hommes l'inhumèrent dans cette terre étrange où il avait perdu la vie.

C'était donc Thorvald Ériksson, le deuxième fils d'Érik le Rouge, qui fut le premier Européen tué par les autochtones d'Amérique du Nord.

Les créatures à une jambe

Les Vikings avaient plusieurs croyances superstitieuses et l'une d'elles concernait les créatures mythiques connues sous le nom de «unipèdes». Ces petits hommes noirs n'avaient qu'une jambe et possédaient des pouvoirs magiques. Les mythes des unipèdes étaient habituellement associés aux créatures d'Afrique.

Une des versions de la mort de Thorvald décrit sa rencontre, sur les côtes du Vinland, avec un unipède qui lui décocha une flèche. Un des Vikings composa un poème sur l'incident.

Oui, c'est vrai
Que nos hommes ont chassé
Un Unipède
Sur la mer;
La créature étrange
Courait comme le vent
Sur le sol rocailleux;
Écoutez cela, Karlsefni.

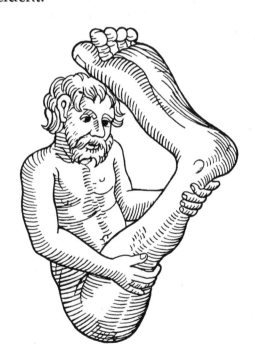

Les armes vikings

Les principales armes d'un guerrier viking comprenaient son épée, sa hache et sa lance. L'épée était la plus populaire et on lui donnait des noms comme Éclair du combat ou Flamme d'Odin. Sa poignée était souvent ouvragée d'incrustations d'or et de filigranes d'argent. Une belle épée passait fréquemment de père en fils.

Même si la hache avait perdu la faveur du reste de l'Europe, elle demeura populaire chez les Vikings. Les lances utilisées par les Vikings possédaient des pointes de fer et de fortes hampes en frêne. Les boucliers ronds mesuraient environ 90 cm de diamètre. Ils étaient fabriqués en bois, cerclés de fer. Au centre, un ombon protégeait la main agrippée par derrière. On peignait les boucliers de couleurs vives. L'arc et la flèche furent utilisés par les Vikings pour les batailles sur terre et en mer. Les arcs étaient en bois et les têtes de flèches, en fer. La plupart des Vikings portaient de simples casques coniques. Certains avaient des protections nasales.

● **À RÉALISER TOI-MÊME** ●

Fabrique tes propres armes vikings

Il te faut :
du carton
un petit couteau
des crayons de cire

Quoi faire :
Dessine les armes vikings comme l'épée, la hache et le bouclier sur des feuilles cartonnées. Demande l'aide d'un adulte pour les découper. Colorie-les et décore-les de dessins vikings. Donne des noms à tes armes et écris-les en runes. Expose tes armes sur le mur de ta chambre.

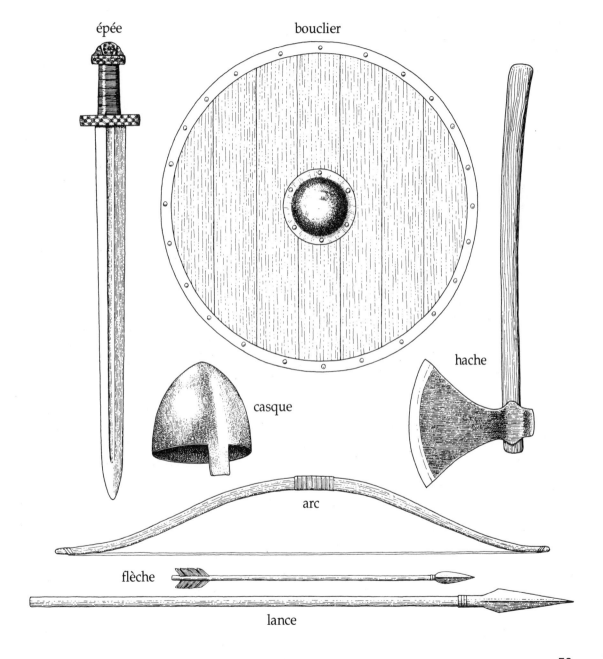

épée

bouclier

hache

casque

arc

flèche

lance

53

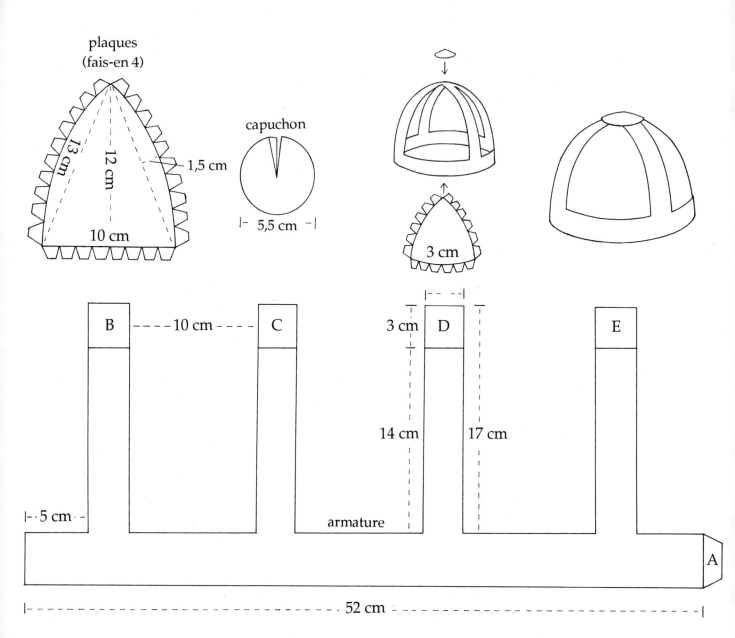

plaques
(fais-en 4)

13 cm

12 cm

1,5 cm

10 cm

capuchon

5,5 cm

3 cm

B

C

10 cm

3 cm

D

E

14 cm

17 cm

armature

5 cm

A

52 cm

Fabrique un casque viking

Il te faut :
une feuille de papier à bricolage, de 60 cm sur 42 cm
un crayon
une règle
des ciseaux
de la colle

Quoi faire :

1. En suivant les mesures de la page précédente, trace les pièces sur la feuille de papier à bricolage (rappelle-toi de faire quatre «plaques»). Tu peux décorer ton casque de dessins vikings ou de ton nom écrit en runes avant de l'assembler.

2. Découpe l'armature. Colle le rabat A à l'autre bout de la bande de papier. Colle les rabats B, C, D et E l'un sur l'autre au sommet.

3. Une fois l'armature sèche, découpe les quatre plaques. Entaille le pourtour et colle chaque plaque à l'intérieur de l'armature.

4. Découpe et colle le capuchon sur le dessus de l'armature.

6

Le benjamin

Thorstein Ériksson

Y a-t-il dans ton entourage quelqu'un que tu aimes particulièrement imiter? La plupart d'entre nous copions les comportements de nos amis ou des membres de notre famille, surtout s'ils sont plus âgés que nous.

Le troisième fils d'Érik le Rouge s'appelait Thorstein Ériksson. Comme beaucoup de petits frères, Thorstein avait envie de suivre les traces de ses aînés, Leif et Thorvald.

Un jour, il annonça son intention d'aller au Vinland. Thorstein voulait explorer de nouveaux territoires et poursuivre une quête personnelle. Son but était de ramener au Groenland le corps de son frère, Thorvald, qui avait été tué par les indigènes. Il trouva un équipage de 25 marins chevronnés et prit la mer dans le même bateau que ses frères avaient utilisé avant lui. Il emmenait avec lui sa jeune et jolie femme, Gudrid.

Le voyage fut voué à l'échec dès le départ. Tout l'été, leur bateau fut secoué par les fortes tempêtes et il leur fut impossible d'atteindre le Vinland.

Une semaine avant le début de l'hiver, ils aperçurent la terre de Lysufjord, dans la colonie de l'ouest du Groenland. Ils accostèrent et se préparèrent à y passer l'hiver. Thorstein et Gudrid furent invités à demeurer chez un autre Viking, qui s'appelait aussi Thorstein, «Thorstein le Noir».

Durant l'hiver, une maladie mortelle frappa la colonie. Elle emporta Thorstein Ériksson et la majorité de ses hommes. Au printemps, la jeune veuve (qu'on disait magiquement douée) appareilla pour Ériksfjord, où habitait son beau-père Érik le Rouge en emportant une cargaison de corps.

Ironiquement, c'était le corps de Thorstein qui était ramené au Groenland pour y être inhumé chrétiennement et non celui de son frère Thorvald comme il l'avait désiré.

La libération de la femme

Sous la loi islandaise, en l'an 1000 ap. J.-C., une femme avait des droits égaux dans le mariage. Elle pouvait aussi demander le divorce et recevoir la moitié des biens de son mari si elle gagnait sa cause.

Le mort qui parle

Il est écrit dans les sagas qu'après être mort de maladie, le corps de Thorstein s'assit tout droit et par trois fois appela : «Où est Gudrid?» Le cadavre de Thorstein prédit ensuite que Gudrid se remarierait à un étranger d'Islande, et que l'union serait «vigoureuse et grande, excellente et intelligente, douce et parfumée».

La nonne viking

Gudrid survécut à tous ses maris et entreprit un pèlerinage à Rome. Lorsqu'elle revint en Islande, elle était entrée dans les ordres religieux et vécut le reste de ses jours près d'une toute nouvelle église.

Sports d'hiver

En hiver, les garçons et les filles vikings patinaient sur les lacs et les rivières gelés. Leurs patins n'étaient pas fabriqués avec du métal, mais avec des os d'animaux. Le dessous des os était aplani et des trous étaient pratiqués en avant et en arrière pour y passer des lacets qu'ils attachaient à leurs pieds.

Ce patin fut retrouvé à Birka, un centre de commerce viking en Suède.

Le ski de randonnée était aussi populaire comme sport que comme moyen de transport hivernal.

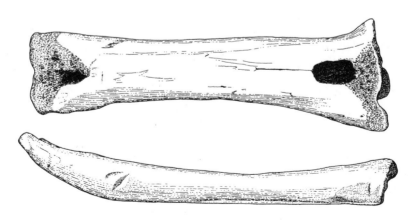

Les dés

Les jeux de hasard étaient populaires chez les Vikings. Ces dés en
os furent trouvés dans l'excavation
d'une colonie viking à York (Yorvik)
en Angleterre.

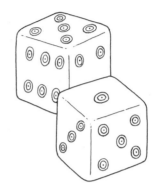

Les échecs

Les échecs avaient été introduits
en Europe à partir de l'Orient. À
l'époque des Vikings, on y jouait
partout en Scandinavie. Les pièces
d'un jeu d'échecs sculptées dans de
l'ivoire de morse ont été retrouvées
dans l'île de Lewis des Hébrides.
Cette pièce représente un
guerrier du XIIe siècle connu sous le
nom de *berserker*. On disait que ces
guerriers devenaient tellement
frénétiques avant le combat qu'ils
en mordaient leur bouclier.

7

CHAPITRE **7** *À la recherche d'un foyer*

Gudrid et Karlsefni

 L'endroit où tu vis est ton foyer, mais un jour tu auras peut-être un autre foyer. Tu iras dans une autre ville ou même dans un autre pays pour en trouver un.

Un jour, un navire viking d'Islande arriva chez Érik le Rouge, au Groenland. Son capitaine était un jeune, beau et fortuné jeune homme qu'on appelait Thorfinn Karlsefni.

La jolie et intelligente Gudrid, la belle-fille d'Érik, habitait avec son beau-père. Elle était la jeune veuve qui avait été mariée à Thorstein, le fils benjamin d'Érik, qui était décédé subitement.

Lorsque Karlsefni vit l'attirante Gudrid, il en tomba immédiatement amoureux. Parce qu'elle habitait avec son beau-père, c'est à lui que Karlsefni la demanda en mariage. Érik accepta, et Gudrid aussi.

Gudrid raconta à Karlsefni les histoires fascinantes du Vinland, et ils décidèrent tous deux de s'y établir en permanence. Ils chargèrent quatre navires de provisions et de bétail et, avec 160 hommes et femmes, ils partirent pour le Vinland.

Lorsqu'ils arrivèrent au Vinland, en 1004 ap. J.-C., ils établirent une colonie qu'ils nommèrent Straumfjord (aujourd'hui l'Anse aux Meadows). C'est cet endroit que Helge et Anne Ingstad croient avoir découvert à Terre-Neuve en 1962.

Une maison viking était très différente de la tienne. Ils n'avaient pas d'allumettes pour allumer un feu pour cuisiner ou se chauffer. Ils ramassaient une petite quantité de feuilles sèches et d'herbes, puis ils frottaient un morceau de fer contre un silex qui produisait une étincelle qui, en tombant sur le petit tas, commençait à brûler.

Les maisons de l'Anse aux Meadows avaient des murs de tourbe et des plafonds de bois percés d'un orifice pour laisser échapper la fumée. Plusieurs des ustensiles et des outils de la maison étaient sculptés dans le bois : pelles, manches de haches, tonneaux, seaux, bols, tasses et peignes.

Les Vikings utilisaient le métal pour fabriquer des fers à cheval, des clés, des cadenas, des couteaux, des épées et des haches. Les Indiens tentaient d'échanger des fourrures contre des armes, mais Karlsefni défendit à ses gens de leur en donner. Il leur demanda plutôt de faire des échanges de lait et d'étoffes rouges. Les indigènes n'avaient jamais goûté de lait ni vu d'étoffes rouges; ils étaient avides d'en avoir.

Les Vikings savaient comment utiliser la laine pour créer différents dessins dans le tissu. Ils démêlaient d'abord la laine avec des peignes en métal à longues dents. Ensuite, le laine était filée en utilisant un fuseau d'où pendaient des poids.

Les colons de Karlsefni vécurent paisiblement avec les indigènes pendant trois ans et plusieurs Vikings se marièrent avec des femmes autochtones. Mais un jour, l'orage éclata. Un Indien fut pris à voler une arme, et un des Vikings le tua. Les indigènes revinrent avec toute une armée et une bataille s'engagea. Les Vikings furent refoulés jusqu'à leurs bateaux et forcés d'abandonner leur colonie.

Karlsefni détesta admettre sa défaite, mais il comprit que les indigènes étaient un peuple trop belliqueux pour permettre une colonie scandinave. Il retourna tristement au Groenland. La première tentative des Européens de faire de l'Amérique du Nord leur foyer fut un échec.

Des épingles de bronze

Cette épingle à manteau a été trouvée à l'Anse aux Meadows. Ces épingles, qui servaient un peu comme nos épingles de sûreté, étaient très populaires. On en a aussi trouvé dans les colonies vikings en Angleterre, en Écosse, en Irlande et en Islande.

Des fuseaux aux poids en pierre

La découverte d'un fuseau à poids à l'Anse aux Meadows indique que le filage de la laine s'est bien effectué à cet endroit. C'est aussi une preuve que des femmes s'y trouvaient.

La colonie viking à l'Anse aux Meadows

Dans la nouvelle colonie, les colons vaquaient à leurs tâches quotidiennes. Le ruisseau du Canard Noir procurait de l'eau fraîche. Les forêts voisines devaient fournir le bois pour construire des maisons et réparer les bateaux. Il y avait de l'herbe à profusion pour le bétail et la baie était remplie de poissons qu'on pêchait et suspendait pour les faire sécher. Le forgeron faisait fondre la limonite qu'on appelle encore minerai des marais pour fabriquer de nouveaux outils et des clous.

Le plan de la colonie

L'équipe d'Ingstad et d'autres qui ont suivi ont effectué des fouilles intensives dans la région autour de l'Anse aux Meadows. Ils ont découvert les restes de trois grandes maisons et de bâtiments du genre de ceux qu'on retrouvait en Islande et au Groenland. Sur la rive ouest du ruisseau du Canard Noir, ils ont mis à jour les ruines d'une forge. Le long de la grève de la baie des Épaves, de récentes fouilles ont révélé des bâtiments qui rappellent des hangars à bateaux. Parc Canada a reconstruit plusieurs bâtiments près du site originel afin que les visiteurs puissent mieux comprendre la façon dont vivaient les colons vikings.

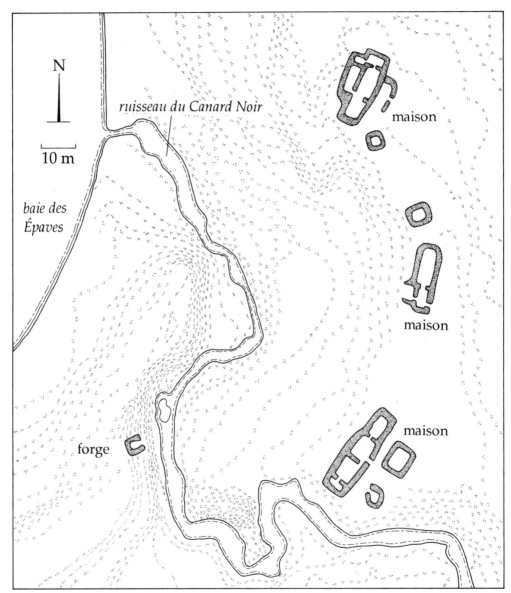

N

10 m

ruisseau du Canard Noir

baie des Épaves

maison

maison

forge

maison

LE PLAN DE LA COLONIE VIKING À L'ANSE AUX MEADOWS

La maison viking

Les murs des maisons vikings étaient faits de tourbe et les murs intérieurs revêtus de bois. Même le plafond de planches était recouvert de tourbe. Les maisons étaient si bien isolées que très peu de combustible était nécessaire pour les chauffer. Le bois était rare au Groenland et on allait jusqu'au Labrador pour en rapporter des cargaisons.

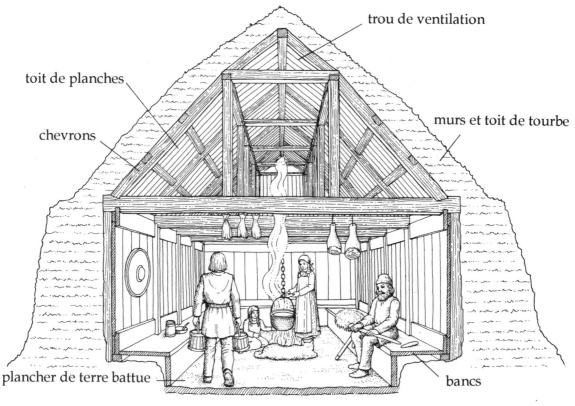

trou de ventilation

toit de planches

chevrons

murs et toit de tourbe

plancher de terre battue

bancs

MAISON VIKING

Construis une maison viking

Les maisons vikings étaient faites de pierres et de gazon. Même le toit de planches était recouvert de tourbe. Suis les instructions pour construire ta propre maison viking.

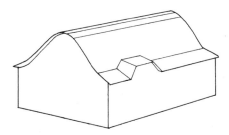

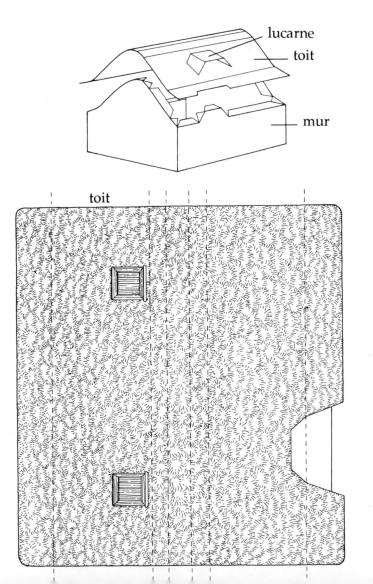

Il te faut:
des ciseaux
des crayons de couleur
de la colle blanche

Quoi faire :

1. Colorie les morceaux avant de les découper. Ne colorie pas les rabats.

Suggestions de couleur :
murs : brun foncé et brun pâle
toit : vert
porte et trou de ventilation :
　　brun foncé

2. Découpe les deux morceaux des murs. Replie les rabats le long des côtés et colle-les ensemble. *Attention :* n'applique la colle que sur les rabats et n'en utilise pas trop car elle peut déborder sur le papier et le salir.

3. Une fois les murs secs, découpe le toit, replies-en les rabats et colle-le à sa place.

4. Découpe la lucarne qui s'ajuste au-dessus de l'ouverture de la porte et colle-la.

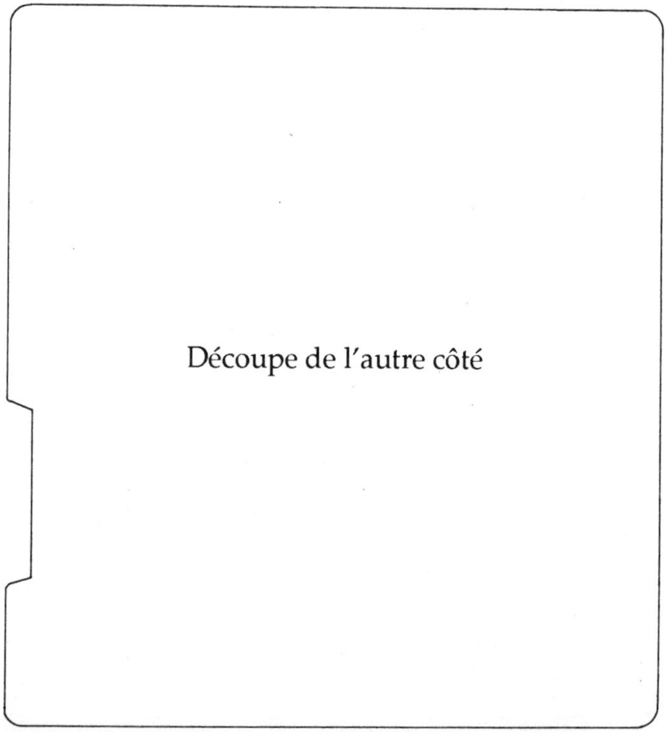

Découpe de l'autre côté

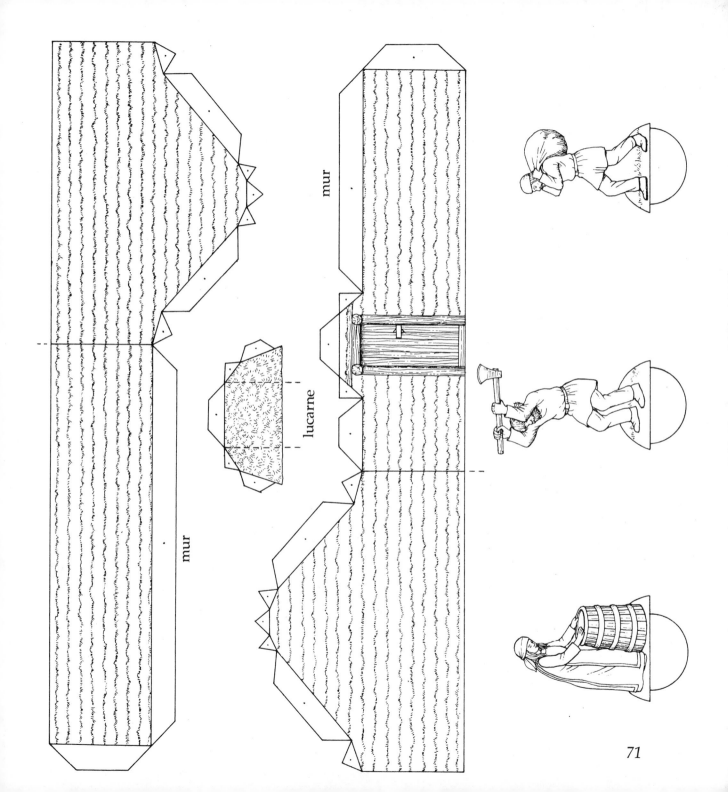

mur

mur

lucarne

71

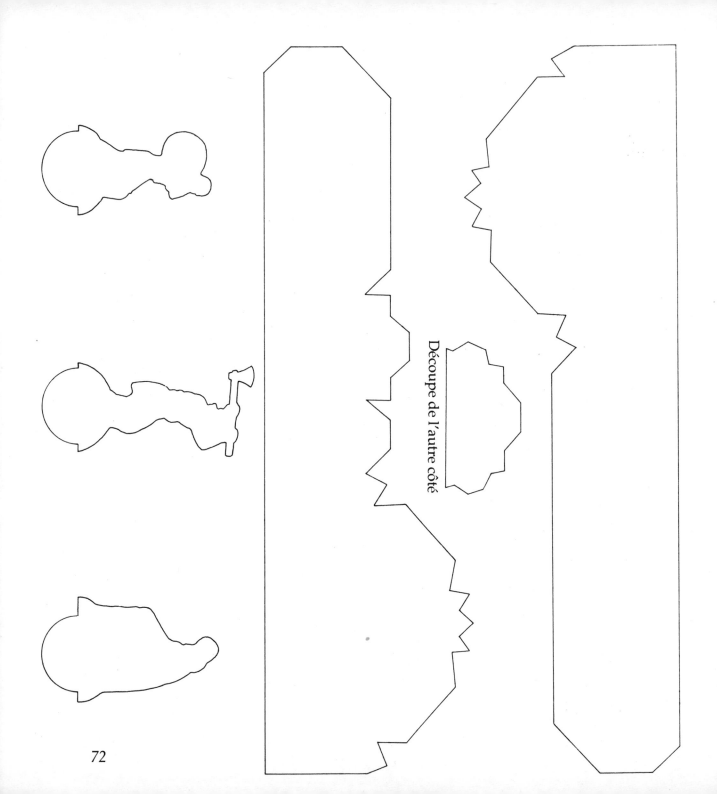

Découpe de l'autre côté

72

Snorri

En 1004 ap. J.-C. est né le premier enfant blanc en Amérique du Nord. Il s'appelait Snorri; c'était le fils de Karlsefni et de son épouse, Gudrid.

Les esclaves écossais

Lorsque Karlsefni partit coloniser le Vinland, Leif l'Heureux lui fit présent de deux esclaves écossais qui pouvaient courir aussi vite que le cerf. L'homme s'appelait Haki et la femme, Hekja. Lorsqu'ils atteignirent l'Amérique du Nord, Karlsefni descendit les deux Écossais à terre et leur demanda de courir vers le sud, d'explorer la contrée et de revenir dans trois jours. Les Écossais servaient d'appât pour vérifier si les indigènes étaient dangereux. Ils portaient tous les deux un *bjafal* : un vêtement à capuche, ouvert sur les côtés, sans manches et attaché entre les jambes par une boucle et un bouton. C'était tout ce qu'ils avaient.

Haki et Hekja revinrent trois jours plus tard avec des grappes de raisin et du blé sauvage.

La charge du taureau

Un jour, alors que Karlsefni et ses gens commerçaient paisiblement avec un groupe d'indigènes, un taureau qui appartenait à Karlsefni s'échappa de son enclos. Les Indiens n'avaient jamais vu une telle bête et, terrifiés, ils retournèrent à leurs canots en courant. Trois semaines plus tard, une armée de *skraelings* revint en agitant des perches-catapultes et en hurlant férocement. Une bataille sanglante s'engagea.

CHAPITRE 8 Les autochtones

Les skraelings

Lorsque les Vikings arrivèrent en Amérique du Nord, ils firent face à deux groupes d'indigènes. Habituellement, les Scandinaves parlent de tous les autochtones en employant le mot *skraelings*, qui est un terme insultant signifiant «misérable».

Essaie d'imaginer à quoi pensèrent les Amérindiens lorsqu'ils rencontrèrent les Vikings pour la première fois. Les indigènes utilisaient encore des armes et des outils faits de bois et de pierre; les Vikings se servaient d'épées et d'outils en métal. Les indigènes habitaient des tentes en peaux d'animaux; les Scandinaves construisaient des maisons en pierre et en bois. Les indigènes voyageaient dans de petits canots fabriqués avec l'écorce des arbres ou des peaux d'animaux; les Vikings construisaient de gros navires de haute-mer.

Dans le nord, sur la terre de Baffin (Helluland), les Vikings rencontrèrent les Inuit. On appelle souvent ces autochtones des «Eskimaus», mais c'est un nom insultant qui leur a été donné par les autochtones du Sud, signifiant «mangeurs de viande crue».

Le long de la côte de Terre-Neuve (Vinland), les Vikings découvrirent le mystérieux peuple beothuk. Même si ces indigènes étaient habituellement amicaux et avides de commerce, les rencontres entre les autochtones et les Scandinaves résultèrent souvent en bataille et en bain de sang. C'était presque toujours les Vikings qui provoquaient le combat, même si les autochtones étaient parfaitement capables de se défendre.

Les Beothuks étaient un peuple fort et fier. C'était leur coutume de se peindre le visage en rouge avec des baies, ce qui donna naissance au terme «peaux-rouges» dans les siècles suivants et devint l'étiquette générale de tous les indigènes d'Amérique du Nord.

Des centaines d'années après avoir tenu tête aux Vikings et les avoir découragés de s'établir en Amérique du Nord, les féroces guerriers beothuks se battirent avec les colons français et anglais. Le destin de cette fière tribu est la honte des colons blancs de Terre-Neuve qui attachaient une prime à leur capture. La tribu entière, femmes et enfants y compris, fut finalement exterminée comme des animaux par les chasseurs de primes.

Les Indiens blancs

Lorsque les Vikings arrivèrent au Vinland, ils rencontrèrent la mystérieuse tribu indigène connue sous le nom de Beothuk. Certains des Beothuks avaient les yeux bleus et la peau blanche. Ils étaient aussi plus grands que les autres indigènes.

Puisque quelques Vikings se marièrent avec des femmes autochtones, il est compréhensible que des générations subséquentes d'indigènes blancs puissent s'être développées après le départ des Vikings. Mais comment peux-tu expliquer les indigènes blancs qui rencontrèrent les Vikings à leur arrivée? Les indigènes blancs étaient peut-être des descendants de Vikings ou d'autres marins dont les bateaux s'étaient perdus en mer et avaient dérivé sur la côte est du Canada des années avant l'arrivée de Karlsefni.

La terre des Hommes blancs

Les Vikings apprirent, par des autochtones qu'ils avaient capturés, qu'il existait un endroit appelé *Hvitramannaland* («terre des Hommes blancs»), où des gens vêtus de blanc portaient des bâtons garnis de banderolles de tissu coloré et poussaient des cris puissants.

Le concept d'un pays de Blancs (Albania-land) se retrouve dans les légendes islandaises et irlandaises où on l'appelle *Tir na bhFear bhFionn* (terre des Hommes blancs). On croyait que cette terre était située à six jours de voile à l'ouest de l'Irlande. Se pourrait-il que cette mystérieuse terre des Hommes blancs ait été le continent perdu de l'Atlantide?

Des sphères qui explosent

Pendant une bataille avec les *skraelings*, les Vikings furent terrifiés et déroutés lorsque les autochtones utilisèrent des catapultes qui faisaient voler d'étranges sphères qui explosaient. Les grosses boules étaient d'un bleu foncé et, après avoir volé au-dessus de la tête des Scandinaves, elles faisaient tout un vacarme en atterrissant. Pris de panique, les Vikings s'égaillaient en désordre. Cet appareil a été comparé avec le *ballista* utilisé par les Algonquins et était probablement fait de vessies de phoques gonflées.

Avalés par la Terre

Dans le Markland, un groupe de Vikings aperçut cinq *skraelings* : un homme barbu, deux femmes et deux enfants. Ils capturèrent les deux garçons, mais les adultes «s'enfoncèrent dans le sol» et disparurent. Les Vikings ramenèrent les garçons au Groenland avec eux, leur enseignèrent le norrois et les baptisèrent. Les enfants apprirent aux Vikings que les autochtones n'avaient pas de maisons et habitaient dans des cavernes ou des trous dans le sol.

La dernière Beothuk

Lorsque la tête de chaque autochtone beothuk fut mise à prix, des tueries organisées s'effectuèrent entre 1613 et 1823. Un trappeur micmac nommé Noël Boss avait déjà tué 99 Beothuks lorsqu'il rencontra une jeune Beothuk dans la forêt. Il tira et elle fut atteinte par une chevrotine. La jeune fille, appelée Shanawdithit, réussit quand même à s'échapper et devint une jolie femme. Shanawdithit, le dernier membre connu de la tribu des Beothuks, mourut à Saint-Jean, en 1829.

Avant de mourir, Shanawdithit décrivit le mode de vie de son peuple et illustra ses histoires.

Femme qui danse

Thub-wed-gie

Figurine de bois

Cette sculpture, fabriquée à Thulé dans le style inuit, représente un personnage portant des vêtements européens et une croix sur la poitrine. Elle a été découverte dans une maison inuit du Xe siècle, au sud de la terre de Baffin, appelée Markland dans les sagas.

Des rivets de bateau en fer

Ces rivets de bateau retenaient les planches d'un navire viking. Ils furent retrouvés dans un site inuit de Thulé sur l'île d'Ellesmere, dans l'Arctique canadien.

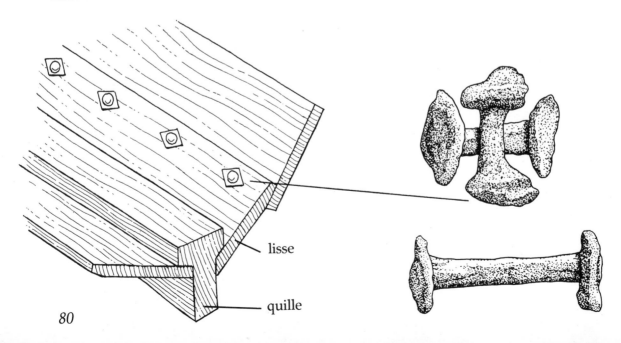

lisse

quille

Les maillons d'une cotte de mailles

Ces anneaux de fer rouillés étaient ceux d'une cotte de mailles viking ou *byrnie*. Ils furent aussi trouvés au site de Thulé. Comment sont-ils arrivés là d'après toi?

D'autres objets vikings trouvés à l'extrême nord comprennent un fragment d'un bol de bronze trouvé sur l'île de Devon et le bras d'une balance viking, sur l'île d'Ellesmere. Sur la terre de Baffin, les archéologues ont découvert une petite sculpture de bois dans le style de Thulé d'un homme en habits vikings avec une croix sur la poitrine.

CHAPITRE 9

Le dernier voyage

Freydis

Une personne bonne et amicale inspire beaucoup de joie; mais une personne mauvaise et froide peut causer mort et destruction. Le quatrième enfant d'Érik le Rouge était Freydis, une fille ambitieuse et cruelle.

Lorsque Karlsefni et Gudrid revinrent du Vinland et qu'ils déclarèrent que les autochtones étaient trop hostiles pour permettre de s'y établir, Freydis ne fut ni découragée ni effrayée. Elle et son mari firent équipe avec deux frères nommés Helgi et Finnbogi, qui arrivaient de Norvège. Ils acceptèrent de naviguer jusqu'au Vinland. Les frères voyageraient dans leur bateau avec 30 hommes et Freydis et son mari prendraient un autre bateau avec aussi 30 hommes. De plus, il y avait un petit nombre de femmes dans chaque navire. Freydis rompit l'entente en cachant cinq hommes supplémentaires dans son navire.

Les troubles éclatèrent dès qu'ils atteignirent le Vinland. Freydis insista pour habiter les habitations construites par son frère, Leif l'Heureux. Elle força les deux frères norvégiens à construire leurs propres maisons à l'intérieur des terres.

Cet hiver-là, les deux frères défièrent Freydis et ses partisans à certains concours sportifs ou de chasse pour aider à passer les mois les plus froids. Mais les compétitions tournèrent à la méfiance et à la colère, et durent être abandonnées.

L'hostilité entre les deux camps devint plus aiguë. Puis, un matin, Freydis revint du camp de Helgi et de Finnbogi en disant à son mari que ces derniers l'avaient maltraitée. Les sagas disent que Freydis inventa ces histoires.

Freydis insista pour venger son honneur. Son mari, un homme faible, accepta. Ils attaquèrent l'autre camp et tuèrent tous les hommes. Freydis ordonna à ses hommes de tuer les cinq femmes du camp ennemi, mais ils refusèrent. Enragée, Freydis le fit elle-même.

Lorsqu'ils revinrent au Groenland, Freydis demanda à ses hommes de ne pas parler de ces tueries, mais les bavardages se répandirent. Érik le Rouge était déjà mort à cette époque et son fils aîné, Leif l'Heureux, était le chef de famille. Ce dernier était un homme d'honneur et de sagesse. Lorsqu'il découvrit la vérité, il en fut dégoûté. Il déclara d'abord que Freydis et ses descendants n'auraient pas de prospérité et, ensuite, qu'il n'y aurait plus d'expéditions dans le Vinland. À partir de ce temps, tout le monde méprisa Freydis et sa famille.

Ce sont donc les bagarres entre Vikings qui mirent un terme aux colonies scandinaves en Amérique du Nord.

Une femme guerrière

Les femmes vikings étaient tout aussi hardies que les hommes et, dans certains cas, elles allaient au combat tout comme les hommes.

À une occasion, lorsque Karlsefni et ses hommes furent attaqués par des *skraelings*, il fut forcé de battre en retraite au bord d'une falaise. Tout semblait sans espoir jusqu'au moment où une femme attrapa l'épée d'un Viking mort et attaqua les indigènes. Les autochtones furent tellement désemparés à la vue de la femme guerrière qu'ils s'enfuirent et que les Vikings purent s'échapper vers leur bateau.

Les sports vikings

Le tir à l'arc était le sport favori
des Vikings et leur servait pour
chasser.

Les concours de lever des poids, de
grosses pierres, étaient très
populaires chez les Vikings. Une
grande force physique était un
sujet d'admiration autant chez les
hommes que chez les femmes.

Mots croisés du Vinland

HORIZONTALEMENT :

1. Le nom viking du Labrador.
2. Les caractères de l'alphabet viking.
3. L'île qui disparaît.
4. Un bateau viking.
5. Le roi des divinités scandinaves.
6. Le premier Européen tué par des Amérindiens.
7. Le nom viking d'un récit.
8. Le nom de celui qui découvrit l'Amérique du Nord.
9. L'homme qui établit la première colonie au Vinland.
11. La belle-fille d'Érik le Rouge.
12. La demeure des dieux norrois.

VERTICALEMENT :

3. Le nom de la femme qui conduisit la dernière expédition viking.
7. Le nom du premier enfant né au Vinland.
13. Le dernier membre connu de la tribu des Beothuks.
14. Une arme viking.
15. Le dieu scandinave du tonnerre.
16. Une arme-catapulte utilisée par les Amérindiens.
18. Le nom viking de la terre de Baffin.
19. Le nom viking donné aux Amérindiens.
20. Le nom de famille de l'homme et de la femme qui découvrirent les ruines à l'Anse aux Meadows.
21. La tribu autochtone du Vinland.
22. Un instrument de navigation utilisé par les marins scandinaves.
23. Érick le Rouge voulait coloniser cette île.

Solution page 88

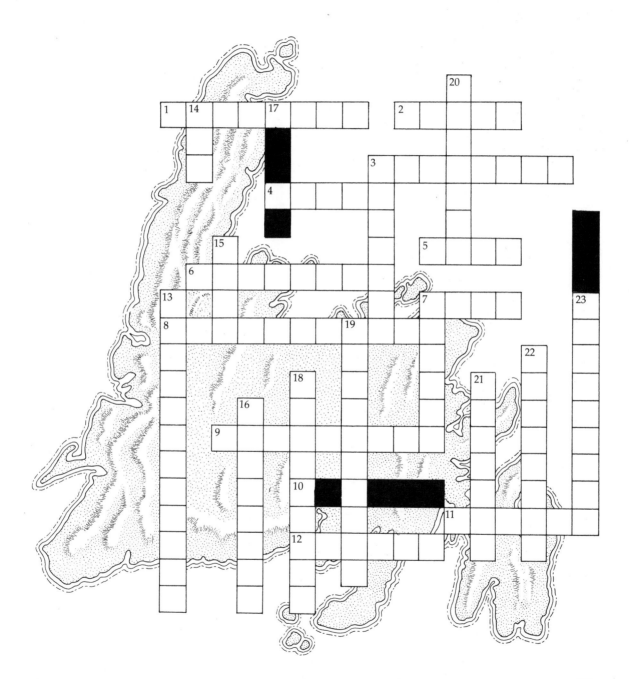

Réponses :

Mots Croisés du Vinland page 86

HORIZONTALEMENT :
1. Markland
2. Runes
3. Frisland
4. Knarr
5. Odin
6. Thorvald
7. Saga
8. Herjolfsson
9. Karlsefni
11. Gudrid
12. Asgard

VERTICALEMENT :
3. Freydis
7. Snorri
13. Shanawdithit
14. Hache
15. Thor
16. Ballista
18. Helluland
19. Skraelings
20. Ingstad
21. Beothuk
22. Husnotra
23. Groenland

Réponse du message runique, page 23 :
GUDRID EST LA PLUS JOLIE FILLE EN ISLANDE

Index